Die Bucket List für Ehepaare

333 Ideen für unvergessliche
Momente zu zweit. Ein Geschenk,
das von Herzen kommt.

Nadine Metnitzer

Inhaltsverzeichnis

Vorwort

Die Bucket List, eine unverzichtbare Challenge für jedes Ehepaar. Ihr seid frisch verheiratet und wollt eure Verbundenheit miteinander stärken? Oder der Gang zum Altar ist bereits einige Jahre her und ihr wollt die Funken wieder neu entfachen? Die Bucket List ist für jedes Ehepaar eine großartige, gemeinsame Challenge.

Mit den Aufgaben, die ihr gemeinsam bewältigen sollt, werdet ihr miteinander wachsen, ihr werdet euch besser und intensiver kennenlernen und eure Beziehung stärken und vertiefen. Die Aufgaben werden euch herausfordern, ihr werdet eure Komfortzone verlassen müssen – und das gemeinsam. Eure gemeinsamen Erfahrungen werden euch bereichern und euch an eure Grenzen bringen oder euch zum Lachen bringen. Ihr werdet nach einer abgeschlossenen Bucket List auf eine positive gemeinsame Zeit zurückblicken können, in der ihr euch gegenseitig bestärkt habt, eure Schwächen und eure Stärken erfahren habt und euch unterstützt habt, um euer gemeinsames Ziel zu erreichen. Einige Punkte der Bucket List habt ihr während eurer Ehe vielleicht schon erlebt, dann könnt ihr diesen Punkt schon abhaken,- oder ihr wiederholt das Erlebnis einfach noch einmal.

Nach dieser vollendeten Bucket List seid ihr nicht nur um 333 gemeinsame Erfahrungen reicher und habt wunderbare Erinnerungen geschaffen, ihr werdet nach dieser Zeit wissen, dass ihr es nicht bereuen werdet, eurer Ehe nicht genügend Aufmerksamkeit geschenkt zu haben. Denn stellt ihr euch nicht auch manchmal die Frage, ob ihr genügend Zeit miteinander verbringt oder wann ihr das letzte Mal zusammen etwas Besonderes erlebt habt? Stärkt und vertieft eure Beziehung und habt eine tolle Zeit als Ehepaar.

Was ist eine Bucket List?

Die Idee einer Bucket List bekam durch den Film bzw. das gleichnamige Buch „Bucket List" große Beliebtheit. In dem deutschen Roman „Das Beste kommt zum Schluss" stellt ein krebskranker Patient, der weiß, dass er bald sterben wird, eine Liste mit Dingen zusammen, die er noch tun möchte, bevor er stirbt. So entstand im Deutschen der Name „Löffelliste" – eine Liste mit Dingen, die wir noch tun möchten, bevor wir sterben. Diese Listen lassen sich auf viele verschiedene Lebensbereiche erweitern.

Menschen mit einer unheilbaren Krankheit können also eine Liste erstellen, auf der sie Dinge festhalten, die sie vor ihrem Tod noch erleben möchten. Abenteurer erstellen eine Liste mit Abenteuern und aufregenden Erlebnissen, die sie alle einmal erleben möchten. Reiseliebhaber stellen eine Liste aus Ländern und Orten zusammen, die sie entdecken wollen. Ihr seht, eine Bucket List ist nichts, das ihr im Laden findet und einfach nach und nach abhakt, diese Listen sind etwas ganz Persönliches. Eine Bucket List kann euch in eurem Leben aufregende Momente, mehr Lebensfreude und intensivere Momente beschenken.

Warum die Bucket List eure Ehe stärkt

Während ihr die Bucket List gemeinsam erlebt, werdet ihr an eure Grenzen kommen, ihr werdet über euch hinauswachsen und euch manchmal fragen, was ihr hier eigentlich macht. Ihr werdet auf der Reise eurer eigenen Bucket List mehr zu euch selbst und zu eurem Partner finden. Doch vor allem werdet ihr euch besser kennenlernen, euch stärker miteinander verbinden und euch intensiven Fragen und Gesprächen stellen müssen. Ihr werdet nicht nur mehr von euch selbst lernen, sondern auch von eurem Partner. Ihr werdet durch die gemeinsamen Erlebnisse stärker verbunden sein als je zuvor. Denn ihr müsst euch während der gemeinsamen Aufgaben eurer Bucket List stärken, schützen und euch in eurem Vorhaben bestärken, um voranzukommen. Denkt immer daran, Ehepaare, die gemeinsamen Zielen nachgehen, sind glücklicher als andere Paare. Ihr werdet euch nach euren Erlebnissen besser und intensiver kennen als vorher. Und was gibt es Schöneres als eine tiefe Verbundenheit mit jemandem, den man liebt und mit dem man gemeinsame tolle Abenteuer erlebt hat.

Vor der Challenge

Ihr seid jetzt voller Tatendrang und wollt sofort loslegen – toll. Doch vor dem Start solltet ihr bedenken, dass die Punkte dieser Liste, die ihr in diesem Buch findet, reine Vorschläge sind. Jeder Mensch und jedes Paar ist anders, ihr könnt einige Punkte nach euren Wünschen oder euren Grenzen etwas abändern. Denn niemand soll sich durch solch eine Liste unter Druck gesetzt fühlen, weil ihm Punkte davon zu schwer vorkommen. Wenn eure Grenze erreicht ist, sagt es einander ganz offen und stellt dann einen neuen Punkt auf der Liste auf oder ändert den Punkt der Liste so ab, dass ihr euch beide damit wohlfühlt. Ihr sollt, während ihr die Bucket List abhakt, zwar gemeinsam an eure Grenzen kommen, sollt eure Komfortzone verlassen und über euch hinauswachsen, doch im Vordergrund steht natürlich der Spaß und eure Ehe. Außerdem solltet ihr euch nicht dazu zwingen, schnell damit fertig zu werden, egal ob ihr die Liste in einem Jahr oder in 15 Jahren fertigstellt, ihr habt schließlich euer ganzes Eheleben dafür Zeit. Viel leicht macht ihr Fotos und gestaltet nach der Bucket List ein Fotoalbum, das ihr gemeinsam mit diesem Buch aufhebt. So könnt ihr euch diese Erinnerungen immer wieder ansehen. Und damit geht es jetzt für euch los: viel Spaß!

Das ist die Bucket List von

&

HIER IST PLATZ
FÜR EIN FOTO VON EUCH

Die erste kleine Challenge

Beantwortet einige persönliche
Fragen über eure Ehe.

♥ Wie lange sind wir zusammen? ♥

_____

♥ Wann hatten wir unser erstes Date? ♥

_____

♥ Wann haben wir geheiratet? ♥

_____

♥ Wer waren unsere Trauzeugen? ♥

♥ Wo haben wir uns kennengelernt? ♥

♥ Wann haben wir uns das erste Mal geküsst? ♥

♥ Wann waren wir das letzte Mal ein richtig gutes Team? ♥

♥ Wann hatten wir das letzte Mal Streit? ♥

♥ Wann haben wir das letzte Mal zusammen gelacht? ♥

❤ Unsere Beziehung in einem Wort: ❤

❤ Wo stehen wir in 10 Jahren? ❤

❤ Haben wir einen gemeinsamen großen Traum? ❤

❤ Was ist unsere schönste gemeinsame Erinnerung? ❤

❤ Haben wir schon mal ein großes
Problem gemeinsam gelöst? ❤

♥ Unser Lieblingsort: ♥

♥ Was nervt uns aneinander? ♥

♥ Jetzt seid ihr dran: Jeder denkt sich zwei Fragen aus,
die der andere beantworten muss. ♥

Kategorie
Reisen

Der Hochzeitstag ist
ohne Frage einer der
wunderschönsten Tage.

Wir hoffen sehr in eurem
Leben, wird es stets
Glück, Vertrauen und
Gesundheit geben!

Ein Roadtrip mit Musik: Schwingt euch ins Auto oder aufs
Rad und fahrt an einen schönen Ort, an dem ihr noch nie
wart. Findet eine gute Pizzeria oder einen schönen See.
Erstellt vorher gemeinsam eine Playlist, die ihr
während des Ausflugs hört.

☐ Erledigt

Zeigt euch Orte, die euch etwas bedeuten; die euer
Partner aber noch nicht kennt. Beispielsweise eure alte
Grundschule oder euren Lieblingsplatz als Kind. Erzählt
euch Geschichten zu den Orten und teilt eure Gedanken.

☐ Erledigt

Besucht ein Planetarium — der gemeinsame
Blick in die Sterne wird eure Gefühle auf einen anderen
Planeten befördern. **Habt ihr einen gemeinsamen
Lieblingsplaneten?**

☐ Erledigt

Bucht für ein ganzes Wochenende ein Hotelzimmer
und versucht, für das ganze Wochenende das
Zimmer nicht zu verlassen.

☐ Erledigt

Packt eure Lieblingssnacks und Getränke ein
und besucht ein Open-Air-Kino.

☐ Erledigt

Macht eine Wanderung in den Bergen — ihr seid
Wandermuffel? Dann erst recht, das ist die Challenge
dabei. **Hat es euch am Ende doch gefallen?**

☐ Erledigt

Besucht jeden Fluss und jeden See, der sich in einem
Umkreis von 100 Kilometern von eurem Zuhause befindet.

☐ Erledigt

Macht eine 10-Kilometer-Wanderung in umliegenden
Wäldern oder Feldwegen.

☐ Erledigt

Plant einen Wochenendtrip in eine größere Metropole, in der ihr beide noch nie wart. Entscheidet gemeinsam darüber, welches Hotel ihr besucht, ob und welche Sehenswürdigkeiten ihr euch ansehen möchtet.

☐ Erledigt

Und jetzt andersherum. Plant einen Kurztrip in eine Stadt, in der nur einer von euch beiden schon einmal war. Derjenige, der die Stadt schon einmal besucht hat, übernimmt die Städteführung.

☐ Erledigt

Fahrt gemeinsam in den Vergnügungspark und testet zusammen jede Achterbahn. **Wie fühlt ihr euch dabei, wenn ihr seht, dass euer Partner über seine Grenzen geht und etwas macht, wovor er eigentlich Angst hat?**

☐ Erledigt

Besucht eine Karaoke-Bar und tretet gemeinsam auf. **Was meint ihr, wie habt ihr euch geschlagen?**

☐ Erledigt

Entdeckt in eurer Stadt ein Viertel oder einen Stadtteil, in dem ihr vorher noch nie wart. Vielleicht entdeckt ihr einen schönen Ort, der euer neuer Lieblingsplatz wird.

☐ Erledigt

Macht ein Picknick im Freien. Macht die Vorbereitungen entweder zusammen oder einer von euch sucht den Ort für das Picknick aus und der andere bereitet die Snacks vor.

☐ Erledigt

Besucht einen Trampolinpark und powert euch dort mal so richtig aus. **Was glaubt ihr, wer hier die besseren Tricks oder die höheren Sprünge vorführen kann?**

☐ Erledigt

Fahrt an den Ort, an dem ihr euch kennengelernt habt. **Wisst ihr noch, was ihr an dem Tag empfunden habt? Was habt ihr gedacht, als ihr euch das erste Mal gesehen habt?**

☐ Erledigt

Fangt an, eure gemeinsame Traumreise zu planen, buchen könnt ihr ja auch später noch. Schmiedet konkrete Pläne. **Wo wollt ihr unbedingt hin, welches Land oder welche Stadt wollt ihr auf jeden Fall gemeinsam sehen?**

 ☐ Erledigt

Geht in den nächstgelegenen Park und spielt zusammen Twister. Fragt andere Pärchen, die ihr dort trefft, ob sie mitspielen möchten. Egal, ob ihr sie kennt oder nicht.

 ☐ Erledigt

Sucht euch einen schönen See aus und verbringt den ganzen Tag dort. Von Sonnenaufgang bis zum Sonnenuntergang.

☐ Erledigt

Macht einen Ausflug zu einem Bauernhof, melkt Kühe, füttert Hühner und mistet Ställe aus. **Wer von euch lässt jetzt das Stadtkind heraushängen und kommt auf dem Bauernhof an seine Grenzen?**

☐ Erledigt

Setzt euch am Wochenende ins Auto und fahrt einfach los, ohne ein bestimmtes Ziel vor Augen zu haben.

☐ Erledigt

Verbringt eine Nacht in einem Hotel in eurer Stadt und tut dabei so, als wärt ihr Touristen aus weiter Ferne.

☐ Erledigt

Macht einen actionreichen Ausflug, entscheidet euch zwischen Fallschirmspringen, Quad-Fahren, oder Heißluftballonfahren.

☐ Erledigt

Packt Klamotten für ein Wochenende ein und verzichtet ganz auf das Auto. Steigt in den nächsten Bus und dann in den nächsten Zug. Entscheidet am Bahnhof, ganz spontan, wo ihr hinfahrt.

☐ Erledigt

25

Nehmt euch eine Landkarte zur Hand und werft eine
Münze darauf. Dort, wo die Münze landet, müsst ihr
in den nächsten vier Wochen, für mindestens
einen Tag lang, hinreisen.

☐ Erledigt

26

Fahrt nachts mit dem Rad raus ins Grüne, legt euch auf
eine Decke oder ins Gras und beobachtet
den Sternenhimmel.

☐ Erledigt

27

Ob nah oder fern, besucht einen Strand und macht
einen Spaziergang im Sonnenuntergang.

☐ Erledigt

Kategorie Gesundheit, Sport und Fitness

Das Leben besteht nicht
aus den Momenten,
in denen wir atmen,
sondern aus denen, die
uns den Atem rauben.

Macht eine gemeinsame Radtour oder fahrt Inliner.

☐ Erledigt

Setzt euch ein gemeinsames Sport- oder Abnehm-Ziel
und motiviert euch gegenseitig, es zu erreichen.

☐ Erledigt

Macht gemeinsam einen Tag lang Diät. **Was meint ihr,
wem von euch wird eine Diät leichter fallen?**

☐ Erledigt

Gestaltet einen gesunden und ausgewogenen
Wochenplan und geht gemeinsam dafür einkaufen.

☐ Erledigt

Meldet euch zusammen für ein Probetraining
im Fitnessstudio an.

☐ Erledigt

Erzählt euch gegenseitig von euren Ängsten, hat jemand
von euch Höhenangst, Angst vor Spinnen oder vor
bestimmten Orten?

☐ Erledigt

Geht diese Ängste miteinander an, wie wäre es mit einer Meditationstherapie oder einer Konfrontationstherapie? So eine Art der Angstbewältigung lässt sich als Paar wesentlich besser durchstehen. Traut euch.

☐ Erledigt

Geht zusammen joggen oder walken. Motiviert euch gegenseitig, einige Kilometer mehr zu schaffen als geplant.

☐ Erledigt

Bereitet einander eine Schnitzeljagd vor. Wählt als Thema eines, welches eurem Partner gefallen wird.

☐ Erledigt

Findet eine neue Sportart, die ihr beide noch
nicht gemacht habt, und probiert sie gemeinsam
bei einem Probetraining aus.

    ☐ Erledigt

Nehmt gemeinsam an einem Mammutmarsch teil.
Dieser geht über 100 Kilometer und stellt eine große
Herausforderung dar, wenn man nicht gerade ein
Hochleistungssportler ist. Für Anfänger gibt
es auch einen Little Mammutmarsch, der „nur"
über 30 bis 50 Kilometer verläuft.

    ☐ Erledigt

Geht zusammen Minigolf spielen. Natürlich steht
der gemeinsame Spaß im Vordergrund, aber was
denkt ihr, wer gewinnen wird?

☐ Erledigt

Macht beide ein Freischwimmerabzeichen eurer Wahl.
Ihr wollt eine richtige Herausforderung? Vielleicht schafft
ihr es ja bis zum Rettungsschwimmer.

☐ Erledigt

Gemeinsam Fit - trainiert gemeinsam so lange,
bis ihr einen Partner Liegestütz schafft.

☐ Erledigt

Probiert euch im Stand-up-Paddling oder Surfen aus. **Was glaubt ihr, wer sich länger auf dem Board halten kann?**

☐ Erledigt

Tut eurem Körper etwas Gutes und verzichtet gemeinsam für sieben Tage auf Zucker.

☐ Erledigt

Nehmt an einem Mud Masters, einem Matsch-Rennen, teil und saut euch mal so richtig ein. Ob ihr ihn erfolgreich absolviert, ist vorerst egal. Hauptsache, ihr seid am Ende so richtig dreckig.

☐ Erledigt

45

Leiht euch einen 2er-Kajak aus uns fahrt
gemeinsam einen Tag lang Kajak.

☐ Erledigt

46

Probiert gemeinsam jede Art von Yoga aus, die es gibt.
Nutzt dafür YouTube-Videos oder kauft euch Bücher.

☐ Erledigt

47

Findet jede Pärchen-Yoga-Übung, die es gibt,
und probiert diese aus.

☐ Erledigt

Probiert gemeinsam Meditation aus. Sprecht im Anschluss
darüber, wie ihr euch dabei gefühlt habt.

☐ Erledigt

Geht zusammen Paintball spielen. Ob gemeinsam als Team
oder gegeneinander dürft ihr selbst entscheiden.

☐ Erledigt

Baut beim nächsten Schneefall eine Sprungschanze für
einen Schlitten und fahrt sie gemeinsam herunter. Macht
dabei Fotos und Videos, wie ihr hinunterfahrt.

☐ Erledigt

Lernt rückwärts Schlittschuhlaufen und macht im
Anschluss ein Rennen, natürlich rückwärts.

☐ Erledigt

Informiert euch über die gesundheitlichen Vorteile
des Kalt-Duschens und duscht eine Woche lang kalt,
natürlich gerne zusammen.

☐ Erledigt

Lernt, einen Handstand für 10 Sekunden zu halten.
Unterstützt euch gegenseitig dabei und helft euch.
Dazu gehört natürlich auch, euch gegenseitig
vor Stürzen zu bewahren.

☐ Erledigt

Besucht gemeinsam ein Pferderennen und
setzt zusammen alles auf ein Pferd.

☐ Erledigt

Packt die Zelte und die Schlafsäcke ein und fahrt
für zwei Tage mit den Fahrrädern los. Auf welchen
Gegenstand kann euer Partner bei einem solchen
Ausflug nicht verzichten?

☐ Erledigt

Geht gemeinsam Schnorcheln. Es muss ja kein weit
entferntes Korallenriff sein, das ihr besucht.

☐ Erledigt

Macht ein Pärchen-Workout und zieht es bis zum
Ende durch. Merkt euch während des Workouts Dinge,
die euer Partner besonders gut gemacht hat,
und erzählt ihm nach dem Workout davon.

☐ Erledigt

Besucht einen Boxkampf und setzt euch in die erste Reihe.
Feuert die Kandidaten dabei lauthals an, auch wenn ihr
keine Ahnung habt, wer da vor euch steht.

☐ Erledigt

Kategorie
Kreativität

Sich täglich nahe sein,
ohne alltäglich zu werden,
voneinander entfernt sein,
ohne sich zu verlieren.

Einander Freiheit
gewähren, ohne sich
unsicher zu werden...
das ist Liebe.

Zeichnet euch gegenseitig, ohne euch dabei anzusehen.
Egal, wie schlecht, gut oder witzig das
Ganze später aussieht.

☐ Erledigt

Lernt Origami und faltet gemeinsam 20 Schwäne.

☐ Erledigt

Lasst euch als Karikatur von einem Straßenkünstler malen.
So erhaltet ihr eine lustige und wertvolle Erinnerung.

☐ Erledigt

Schreibt euch gegenseitig einen Song und singt ihn euch dann vor. Ist es euch peinlich, einander etwas vorzuführen, oder seid ihr schon so sehr miteinander verbunden, dass euch nichts mehr voreinander peinlich ist?

☐ Erledigt

Spielt „Entweder-Oder". Dabei stellt ihr eurem Gegenüber Fragen, die er nur mit entweder/oder beantworten kann. Ihr werdet staunen, was ihr hierbei über euren Partner und über seine Denkweise herausfinden könnt.

☐ Erledigt

Erzählt euch gegenseitig von euren tiefsten
Kindheitsträumen, die ihr bisher noch
niemandem erzählt habt.

☐ Erledigt

Erfüllt euch gegenseitig diese Kindheitsträume.
Natürlich nur diese, die realisierbar sind.
Vielleicht setzt ihr vorher ein Budget fest.

☐ Erledigt

Löst gemeinsam ein dickes Sudoku-Buch. Kein Problem?
Dann erhöht beim nächsten Mal doch direkt
die Schwierigkeitsstufe.

☐ Erledigt

Lasst ein Pärchen-Fotoshooting machen oder nutzt
den Selbstauslöser eures Handys und macht selbst
einige schöne Bilder von euch.

☐ Erledigt

Gebt euch gegenseitig Rätsel auf, die ihr dann
gleichzeitig lösen müsst.

☐ Erledigt

Erstellt eurer Familienstammbuch. Erstellt dann
einen fiktiven Stammbaum, wie er vielleicht in
50 Jahren aussehen könnte.

☐ Erledigt

Stellt für einen engen Freund oder ein Familienmitglied
gemeinsam ein Fotoalbum zusammen. **Was verbindet
euch mit der Person?**

☐ Erledigt

Stellt eure Hochzeitsfotos nach, tragt dabei
die Klamotten des jeweils anderen.

☐ Erledigt

Denkt euch eine Woche lang jeden Tag Liebessprüche
aus uns schickt sie euch gegenseitig, während
ihr beide auf der Arbeit seid.

☐ Erledigt

Verwirklicht gemeinsam ein DIY-Projekt in eurer
Wohnung. Baut beispielsweise ein eigenes
Vogelhäuschen oder malt die Wände neu an.

☐ Erledigt

Sucht euch ein Zimmer in eurer Wohnung aus
und gestaltet es komplett um. **Was haltet ihr von
einer neuen Wandfarbe, neuen Dekoartikeln
oder sogar neuen Möbeln?**

☐ Erledigt

Kreiert ein eigenes Spiel und probiert es gleich aus.
Lasst das nächste Mal eure Freunde oder
Familienmitglieder mitspielen.

☐ Erledigt

Malt beide ein Bild von eurem Traumhaus, in dem ihr
gemeinsam leben wollt. **Gleichen sich eure Zeichnungen
an gewissen Punkten oder habt ihr unterschiedliche
Ansichten, wie euer Traumhaus aussehen soll?**

☐ Erledigt

Besucht zusammen einen Mal- oder Töpferkurs.
Wer ist der Kreativere von euch beiden?

☐ Erledigt

Schickt euch kleine Ausschnitte eines Körperteils
bei WhatsApp und der andere muss erraten, um welches
Körperteil es sich handelt. **Na, wie gut kennt ihr
eure Körper gegenseitig wirklich?**

☐ Erledigt

Sicher habt ihr Klamotten mit Erinnerungswert.
Näht daraus gemeinsam eine Patchwork-Decke
oder einen Patchwork-Kissenbezug.

☐ Erledigt

Macht zusammen ein 10.000-Teile-Puzzle.
**Gebt ihr schnell auf und habt keine Lust mehr
oder packt euch der Ehrgeiz?**

☐ Erledigt

Kauft euch ausgefallene Masken und besucht einen
Maskenball. **Wart ihr vor oder während eurer Beziehung
bereits auf einer solch ausgefallenen Veranstaltung?**

☐ Erledigt

Kauft euch ein Instrument eurer Wahl und lernt zusammen
spielen. **Gemeinsam wird euch eine musikalische Reise mit
neuem Talent sicherlich Spaß machen, oder?**

☐ Erledigt

Zeichnet beide ein großes Mandala für euren Partner,
welches dieser dann ausmalen muss.

☐ Erledigt

Schreibt beide einen langen Brief an eure Omas.
Ob ihr die Briefe abschickt oder nicht, entscheidet ihr
dabei selbst. Erzählt euch anschließend die schönsten
Erinnerungen, die ihr an eure Omas habt.

☐ Erledigt

Macht beide eine Liste mit Dingen, die ihr mit 1 Million Euro machen würdet. Findet später Gemeinsamkeiten, die sich auf euren Listen überschneiden. **Was habt ihr geglaubt, welche Dinge euer Partner aufgeschrieben hat?**

☐ Erledigt

Malt euch gegenseitig so, wie ihr glaubt, wie ihr im anderen Geschlecht aussehen würdet.

☐ Erledigt

Tretet einer Online-Geocaching-Gruppe bei und nehmt an Treffen teil.

☐ Erledigt

Sammelt Steine, malt sie mit wasserfester Farbe an und
verteilt sie in Parks, auf Spielplätzen oder an Seen.

☐ Erledigt

Zeit für ein tiefgründiges Gespräch: Was würdet ihr heute
alles noch machen, wenn ihr wüsstet, dass ihr morgen
sterben müsst? Mit wem würdet ihr den Tag verbringen
wollen? Nur ihr beide oder kämen noch andere
Menschen, die euch wichtig sind, dazu?

☐ Erledigt

Kategorie Abenteuer in der Natur und Wildnis

Es ist nicht wichtig,
welchen Weg du
gehst, sondern mit
wem du ihn gehst!

Macht eine gemeinsame Camping-Tour, egal wie
viele Nächte. **Vielleicht schlaft ihr eine Nacht
unter freiem Himmel?**

☐ Erledigt

Tut gemeinsam etwas Nachhaltiges und Gutes für die
Umwelt. Stellt aus Kastanien Waschmittel her.
Anleitungen dafür gibt es im Internet.

☐ Erledigt

Überlegt euch noch mehr Dinge, die ihr als Ehepaar gemeinsam für die Umwelt tun könnt. Was könnt ihr in eurem Alltag und eurem Eheleben nachhaltiger gestalten? Findet mindestens 10 Dinge.

☐ Erledigt

Sucht euch einen Park oder eine große Wiese und bastelt euch Schmuck aus Gänseblümchen.

☐ Erledigt

Übernachtet in einem Baumhaus. Keine Sorge, ihr müsst kein eigenes Baumhaus bauen. Es gibt auch günstige Baumhaushotels.

☐ Erledigt

Klettert auf einen Baum. Na, wer kommt höher?
Denkt nicht darüber nach, ob ihr das wirklich tun solltet
oder warum. Macht es einfach.

☐ Erledigt

Macht eine Wasserbombenschlacht. Wer nasser ist, hat
verloren. Zu einer Wasserbombenschlacht gehört natürlich
auch das Aufsammeln des entstandenen Mülls.

☐ Erledigt

Erklimmt einen Berg — es muss ja nicht der Mount Everest sein. Was denkt ihr, geht ihr gemeinsam an eure Grenzen und schafft das Ziel oder werdet ihr gemeinsam aufgeben und wieder runterklettern?

☐ Erledigt

Besucht einen Natur- und Wildnis-Park. **Habt ihr bereits einige gemeinsame Erinnerungen in der Natur?**

☐ Erledigt

Pflanzt einen Baum, falls ihr keinen eigenen Garten habt, fahrt in den nächsten Wald und hinterlasst dort eure Spuren in Form eines Baumes.

☐ Erledigt

Besucht einen Strand und befreit ihn von Plastik. Ermutigt
als Paar auch andere Paare oder Familien, die den Strand
besuchen, etwas Plastikmüll mitzunehmen.

☐ Erledigt

Sorgt für die Bienen und pflanzt bienenfreundliche Blumen
auf eurem Balkon, Garten oder der Fensterbank.

☐ Erledigt

Zeltet im Garten, auf dem Balkon oder im Park. Kuschelige
Nächte im Freien bringen euch näher zusammen.

☐ Erledigt

Schert zusammen ein Schaf.
Wie hat das Teamwork heute geklappt?

☐ Erledigt

Bewegt euch beide einen Monat lang CO_2-neutral fort.
Wem ist es schwerer gefallen, auf das Auto zu verzichten?

☐ Erledigt

Besucht eine Lama- oder Alpakafarm. Es gibt Fütterungen
und Streichelzoos? Dann rein mit euch, ihr nehmt
das ganze Programm mit.

☐ Erledigt

Bereitet noch vor dem Sonnenaufgang ein
Picknick vor. Genießt das Frühstück im Park
und beobachtet dabei den Sonnenaufgang.

☐ Erledigt

Wenn es das nächste Mal schneit, macht sofort eine
Schneeballschlacht und baut einen riesigen Schneemann.

☐ Erledigt

Verbringt einen ganzen Tag lang in der Natur
und zählt dabei alle Insekten, die euch über
den Weg fliegen oder kriechen.

☐ Erledigt

Mietet euch ein Tandem und macht damit eine große Tour.
**War beim Aufsteigen direkt klar, wer wo sitzt, oder gab es
Streit darüber, wer vorne sitzen darf?**

☐ Erledigt

Geht für eine Woche nur in einem
Unverpacktladen einkaufen.

☐ Erledigt

Esst für 14 Tage kein Fleisch, könnt ihr euch ein
vegetarisches Leben für immer vorstellen?

☐ Erledigt

112

Kauft einen Monat lang keine Einwegflaschen. Befüllt
Metall- oder Glasflaschen mit euren Getränken.

☐ Erledigt

113

Kauft euch einen permanenten Coffee-to-go-Becher
und verzichtet ab sofort auf die Wegwerfbecher,
die es unterwegs zu kaufen gibt.

☐ Erledigt

114

Bastelt für einen Hund von Freunden, euren eigenen
Hund oder den Hunden im Tierheim einen Adventskalender
mit Leckerlis, Spielzeug und Hundezubehör.

☐ Erledigt

Tut etwas für die Umwelt und die Tiere. Verzichtet beim nächsten Silvester gänzlich auf Feuerwerkskörper.

☐ Erledigt

Geht in den Zoo und bringt den Tieren etwas mit. Die Esel bekommen von euch Möhren, die Pferde bekommen Äpfel und die Kaninchen bekommen Löwenzahn. Viel Spaß beim Füttern.

☐ Erledigt

Mietet euch ein Schlauchboot und verbringt damit einen abenteuerlichen Tag.

☐ Erledigt

Besucht einen Kletterpark, geht beide über euch hinaus
und versucht beide den schwierigsten Parkour. Wenn
ihr ihn am Ende nicht schafft, macht es doch nichts,
die Hauptsache ist, ihr verbringt einen wertvollen und
aufregenden Tag miteinander.

☐ Erledigt

Helft einem Bauern einen Tag lang kostenlos auf seinem
Bauernhof. Als Erntehelfer, Stallbursche oder Kuhtreiber,
schreckt dabei vor nichts zurück.

☐ Erledigt

120

Schlaft im Heu und verbringt eine Nacht in einer Scheune.

☐ Erledigt

121

Sammelt Muscheln an einem Strand und bastelt daraus eine schöne Erinnerung, die euch immer an diesen Tag erinnern soll.

☐ Erledigt

122

Geht zusammen über eine wackelige Hängebrücke.

☐ Erledigt

Ab in die Gummistiefel und nehmt an
einer Wattwanderung teil.

☐ Erledigt

Verbringt eine warme Sommernacht unter freiem Himmel,
kein Zelt, nur Decken, Schlafsäcke und eine
ausgiebige Kuscheleinheit.

☐ Erledigt

Unterstützt eine Aktion von Tierhilfsorganisationen.

☐ Erledigt

Kategorie
soziales
Engagement
und Gutes tun

Ich möchte kein perfektes
Leben, sondern ein
glückliches mit dir.

Schnappt euch Müllsäcke und sammelt während
eines langen Spaziergangs Müll auf.

☐ Erledigt

Gebt beim nächsten Restaurant-Besuch
ein großzügiges Trinkgeld.

☐ Erledigt

Mistet zu Hause mal so richtig aus und trennt euch
von Dingen, die ihr nicht mehr braucht. Spendet die
Sachen an Tafeln oder Kinderhilfsorganisationen.

☐ Erledigt

129

Ladet Freunde oder Familienmitglieder ein und sagt ihnen, dass ihr eure Jobs hinschmeißt, um Stand-up-Comedian zu werden.

☐ Erledigt

130

Bietet ihnen im Anschluss auf diese Nachricht direkt eine Show. Löst den Streich erst auf, nachdem sie euch ein Feedback zur Show gegeben haben.

☐ Erledigt

131

Helft am nächsten Sonntag in der örtlichen Suppenküche aus. **Wie fühlt es sich für euch an, gemeinsam etwas Gutes zu tun?**

☐ Erledigt

Besucht das örtliche Tierheim und packt einen Tag lang mit an. Wer weiß, vielleicht findet ihr hier sogar ein neues Haustier, das ihr am Ende des Tages mitnehmt? **Welche Haustiere könnt ihr euch für eure Zukunft vorstellen?**

☐ Erledigt

Nehmt an einer Demo für einen guten Zweck teil. Bastelt gemeinsam Plakate.

☐ Erledigt

Spendet beide einen gewissen Betrag an eine gemeinnützige Organisation.

☐ Erledigt

Heute ist Ja-Tag. Ihr sagt zu allem, was euer Partner heute von euch verlangt, Ja! Legt vorher ein gewisses Budget und Grenzen für den Tag fest.

☐ Erledigt

Gebt den Kindern in eurer Nachbarschaft oder eurem Bekanntenkreis gemeinsam eine kostenlose Nachhilfestunde.

☐ Erledigt

Spendet Kleidung, die ihr nicht mehr tragt, an hilfsbedürftige Menschen in eurer Umgebung.

☐ Erledigt

Unterstützt ein soziales Projekt mit euren Unterschriften.
Erzählt gemeinsamen Freunden von der Organisation
und bringt sie dazu, auch daran teilzunehmen.

☐ Erledigt

Meldet euch bei einer Foodsharing-Organisation an
und unterstützt sie mit euren eigenen Lebensmitteln.

☐ Erledigt

Lauft bei einer Wohltätigkeitsveranstaltung mit. Zusammen
Gutes zu tun, wird euch näher zusammenbringen und ihr
werdet lernen, gemeinsame Zeiten mehr wertzuschätzen.

☐ Erledigt

Sprecht in einem Café oder einem Restaurant einen
Fremden an und lernt ihn kennen. **Fühlt ihr euch zusammen
mutiger oder gestärkter, solche Dinge zu tun?**

☐ Erledigt

Geht gemeinsam Blut spenden. Falls ihr Angst vor Nadeln
habt, versucht, sie euch gegenseitig zu nehmen.

☐ Erledigt

Übernehmt eine Brieffreundschaft für einen Bewohner
aus dem Altenheim. Oder bietet eure kostenlose
Hilfe in einem Altenheim an.

☐ Erledigt

Werdet Mitglieder einer öffentlichen Organisation.
Beispielsweise UNICEF oder WWF.

☐ Erledigt

Spendet einen gewissen Betrag an eine Organisation,
die sich für die Säuberung der Meere einsetzt.

☐ Erledigt

Geht zur nächsten Grundschule und bietet eure
Hilfe als Schülerlotse an.

☐ Erledigt

147

Bietet eure Unterstützung bei der Nachbarschaftshilfe an.
Geht für einen Rentner einkaufen, mäht jemandem den
Rasen oder helft beim Gartenumgraben.

☐ Erledigt

148

Entschuldigt euch beide bei jemandem, mit dem ihr vor langer
Zeit gestritten habt. Sprecht miteinander darüber, weswegen
ihr euch mit der Person gestritten habt, was hat euch verletzt,
was hättet ihr in dieser Situation selbst besser machen können?

☐ Erledigt

149

Geht gemeinsam in die Innenstadt und versucht,
mit Fremden ins Gespräch zu kommen. Fragt sie, wie es
ihnen geht, wie ihr Tag war und schenkt ihnen ein Ohr,
wenn ihr das Gefühl habt, sie müssen mal reden.

☐ Erledigt

Kategorie kulinarisch essen und trinken

„Wenn ich dich ansehe,
sehe ich den den Rest
meines Lebens vor mir.

Dafür liebe ich dich.“

Kreiert euch eine eigene Familienpizza. Traut euch
auch an Zutaten, die ihr im Normalfall meidet.

☐ Erledigt

Genießt gemeinsam einen sehr teuren Champagner,
egal, ob zu Hause oder in einem Restaurant.

☐ Erledigt

Nehmt an einer Weinverkostung teil und fachsimpelt
gemeinsam über die verschiedenen Weine.

☐ Erledigt

Macht einen Sushiabend und stellt dafür euer eigenes
Sushi her. Mit Stäbchen zu essen, gehört an diesem
Abend natürlich dazu.

☐ Erledigt

Macht ein Lagerfeuer, allein oder mit Freunden,
und bereitet euch Marshmallows über dem Feuer zu.

☐ Erledigt

Bereitet euch ein klassisches English Breakfast zu, mit allem,
was dazugehört. Samt Bohnen, Toast und Würstchen.

☐ Erledigt

156

Backt zusammen einen sehr aufwendigen
Kuchen oder eine Torte.

☐ Erledigt

157

Lasst die Kalorien Kalorien sein und bestellt euch in der
nächsten Eisdiele den größten Eisbecher, den es gibt.

☐ Erledigt

158

Bestellt beim nächsten Restaurantbesuch gegenseitig
für euch Essen und Getränke. Wenn ihr denkt, ihr kennt
euch schon in- und auswendig, müsstet ihr wissen, was der
andere gerne mag und was nicht.

☐ Erledigt

Geht gemeinsam auf Trüffeljagd und versucht im Anschluss, etwas Leckeres daraus zuzubereiten.

 ☐ Erledigt

Probiert euch gemeinsam im Cocktail-Mixen. Macht eine gemütliche Zwei-Mann-Party daraus.

 ☐ Erledigt

Legt einen eigenen Kräutergarten an. Dafür braucht man keinen eigenen Garten, das geht auch auf einem kleinen Balkon oder auf der Fensterbank in der Küche.

 ☐ Erledigt

162

Stellt eure eigene Pasta her und ladet Freunde oder Familie zum Spaghetti-Bolognese-Essen ein.

☐ Erledigt

163

Bereitet echtes italienisches Eis zu. **Könnt ihr euch die Lieblingseissorte eures Partners merken?**

☐ Erledigt

164

Backt gemeinsam ein Lebkuchenhaus. Natürlich zählt ein Fertigbausatz nicht, backt den Teig dafür selbst. Dekoriert das Häuschen und lasst es über die Weihnachtszeit in eurer Küche stehen.

☐ Erledigt

Frühstückt morgens ausgiebig im Bett, macht euch dabei
einen Film oder eure Lieblingsserie an.

☐ Erledigt

Schreibt ein eigenes Kochbuch mit all euren gemeinsamen
Lieblingsrezepten. Schreibt zu jedem Rezept eine Notiz,
wann oder wo ihr das Rezept zusammen entdeckt habt.

☐ Erledigt

Jeder sucht sich ein besonderes Frühstück aus,
welches ihr euch dann gegenseitig zubereiten müsst.

☐ Erledigt

Geht Erdbeeren pflücken und kocht anschließend
Erdbeermarmelade daraus.

☐ Erledigt

Kocht ein Drei-Gänge-Menü nach Rezept nach.
**Seid ihr euch in der Küche in die Quere gekommen
oder habt ihr es als Team zusammen geschafft,
euch ein leckeres Dinner zu zaubern?**

☐ Erledigt

Genießt ein Dinner oder ein Picknick auf einem Boot.

☐ Erledigt

Kauft euch Astronautenmahlzeiten und probiert
sie einen Tag lang aus.

   ☐ Erledigt

Besucht ein Süßigkeiten- oder Schokoladenmuseum.
Erratet gegenseitig eure Lieblings-Nascherei.

   ☐ Erledigt

Besucht ein außergewöhnliches Restaurant. Beispielsweise
ein Restaurant, bei dem ihr im Dunkeln esst, oder ein
Restaurant, das in schwindelerregender Höhe liegt.

   ☐ Erledigt

Kocht eine Woche lang Essen aus einer
Fernseh-Kochshow nach.

☐ Erledigt

Tut eurem Körper etwas Gutes und macht
gemeinsam eine Haferkur.

☐ Erledigt

Kategorie Weiterbildung und berufliche Ziele

„Liebe ist ... wenn Dein Kuss nicht nur die Haut, sondern auch das Herz berührt."

Besucht gemeinsam eine Vorlesung oder eine
Führung in einem Museum.

☐ Erledigt

Absolviert gemeinsam einen Mal- oder Zeichenkurs.
Was glaubt ihr, wer am Ende der bessere Künstler ist?

☐ Erledigt

Lernt in fünf verschiedenen Sprachen „Ich liebe dich"
zu sagen. Welche Sprache gefällt euch am besten?

☐ Erledigt

Macht euch gemeinsam Gedanken darüber, ob ihr in euren Jobs glücklich seid. **In welchem Beruf seht ihr euch gegenseitig gut?**

☐ Erledigt

Belegt zusammen einen Sprachkurs und lernt eine neue Sprache. Versucht einen Tag lang, euch nur in dieser Sprache zu unterhalten.

☐ Erledigt

Überlegt, wo eure Stärken liegen, und startet ein gemeinsames kleines (oder großes) Business. Vielleicht wird ein richtiges Nebeneinkommen daraus, womit ihr euch eure gemeinsamen Träume verwirklichen könnt.

☐ Erledigt

Lernt gemeinsam Schach spielen. Entweder mit einem richtigen Kurs oder ihr bringt es euch selbst bei.

☐ Erledigt

Lernt zusammen die europäischen Hauptstädte auswendig.
Wer von euch kann sich mehr merken?

☐ Erledigt

Macht zusammen einen Kochkurs **Seid ehrlich zueinander, wer von euch braucht wirklich einen Kochkurs oder könnt ihr beide ganz gut kochen?**

☐ Erledigt

Kategorie
Entertainment

„Liebende verschließen
beim Küssen die Augen,
weil sie mit dem Herzen
sehen wollen."

Sucht euch zusammen ein Lied aus und verwandelt euer Wohnzimmer in eine Karaoke-Bar.

☐ Erledigt

Fahrt Riesenrad und genießt den Ausblick. **Seid ihr eins der Pärchen, das romantisch in der Gondel kuschelt oder bringt ihr sie zum Schaukeln und habt dabei einen riesen Spaß?**

☐ Erledigt

Besucht eine Kleidertauschparty für Paare und ergattert euch beide ein neues Outfit.

Schaut an einem Abend alle
James-Bond-Filme hintereinander.

☐ Erledigt

Besucht einen Irrgarten oder ein Maislabyrinth.
Macht einen Wettbewerb daraus, geht dreimal getrennt
voneinander hinein, wer zuerst rauskommt,
bekommt einen Punkt.

☐ Erledigt

Ruft beide beim Radio an und wünscht euch für euren
Partner den jeweiligen Lieblingssong.

☐ Erledigt

Geht beim nächsten Karnevalsumzug als Paar-Kostüm.
**Wie wäre es mit Bonnie und Clyde oder Harry
und Hermine?**

☐ Erledigt

Besucht gemeinsam ein Musical.

☐ Erledigt

Geht zusammen Schlittschuhlaufen
und haltet dabei Händchen.

☐ Erledigt

Geht ins Kino und seht euch einen Film an. Sprecht später über den Film, habt ihr Vergleichbares erlebt oder fühlt ihr euch mit dem Film in irgendeiner Form verbunden?

☐ Erledigt

Ab in die Bowlingbahn und spielt gemeinsam eine Runde Bowling.

☐ Erledigt

Besucht zusammen einen Tanzkurs. **Hat es euch an euren Hochzeitstanz erinnert oder hat einer von euch am nächsten Tag blaue Füße?**

☐ Erledigt

Bereitet einen großen Motto-Abend vor und ladet
Freunde dazu ein. Geht dabei an eure Grenzen.
**Vielleicht findet ihr sogar ein Motto,
das eigentlich gar nicht zu euch passt?**

☐ Erledigt

Sucht euch eine neue Serie aus und schaut sie an einem
Wochenende ganz durch. Das Haus während dieses
Wochenendes zu verlassen, ist tabu, jetzt gibt es nur die
Couch, das Fernsehen und euch.

☐ Erledigt

Legt für die nächsten sechs Monate sechs Date-Abende
fest und plant, was ihr an diesen Abenden machen wollt.

☐ Erledigt

200

Geht in ein Lokal, welches ihr im Normalfall meidet. Ihr mögt beide keine Rock-Musik? Dann auf in die Rock-Bar.

☐ Erledigt

201

Informiert euch darüber, welches Festival als Nächstes stattfindet und kauft euch Tickets dafür — viel Spaß!

☐ Erledigt

202

Geht Bungee-Jumping springen. Wisst ihr schon vor dem Sprung, wer von euch beiden mutiger ist? **Wer hat vor eurer Beziehung die abenteuerlichsten Dinge erlebt?**

☐ Erledigt

203

Besucht die nächste Buchmesse.

☐ Erledigt

204

Besucht ein klassisches Konzert oder eine Oper.

☐ Erledigt

205

Absolviert zusammen einen Escape-Room. Sprecht später darüber, wie gut die Teamarbeit geklappt hat. **Konntet ihr durch eine gute Teamarbeit bestehen oder gab es Probleme bei der Kommunikation?**

☐ Erledigt

Kategorie
Romantik

„Ich möchte der Wind sein, der sanft durch deine Haare streicht, die Sonne, die dich zärtlich wärmt und der Mond, der deinen Schlaf bewacht."

Sprecht über eure Träume, auch die intimen und geheimen Träume, die ihr sonst niemandem erzählen würdet.

☐ Erledigt

Bastelt euch Freundschaftsbänder aus Stoff- oder Wollresten.

☐ Erledigt

Schreibt eure bisherige gemeinsame Zeit in einem Buch nieder. Holt das Buch jedes Jahr wieder heraus und schreibt es immer weiter.

☐ Erledigt

Küsst euch unter einem Mistelzweig. **Was haltet ihr von solchen romantischen Bräuchen? Seid ihr in Sachen Romantik auf einer Ebene?**

☐ Erledigt

Lasst euch bei einer Paarmassage verwöhnen. Sprecht später darüber, wie es sich für euch angefühlt hat, von einer fremden Person massiert zu werden, während euer Partner im selben Raum war.

☐ Erledigt

211

Überlegt euch neue Kosenamen füreinander.
Seid kreativ, verwendet einmal völlig neue Namen,
die ihr selbst noch nie gehört habt.

☐ Erledigt

212

Peppt euer Liebesleben auf, sprecht über Dinge, die ihr
euch wünscht oder die ihr ausprobieren möchtet.

☐ Erledigt

213

Nehmt zusammen ein ausgiebiges Schaumbad mit allem
Drum und Dran. Kerzen, Wein und Musik.

☐ Erledigt

Ruft eine romantische Tradition in euer Leben.
Überlegt dabei, was euch beiden gefällt.

☐ Erledigt

Klettert auf einen Aussichtspunkt und schaut euch
zusammen den Sonnenuntergang an.

☐ Erledigt

Geht getrennt voneinander mit einem festen Budget
einkaufen und versucht, aus den Sachen
ein romantisches Dinner zu zaubern.

☐ Erledigt

Kauft euch ein Notizbuch und schreibt jeden Tag Dinge hinein, für die ihr dankbar seid, die euch heute Freude bereitet haben oder die euch zusammengeführt haben.

☐ Erledigt

Küsst euch unter Wasser und macht ein Foto davon. Das Foto muss nicht im Meer entstehen, ein See oder die häusliche Badewanne tut es natürlich auch.

☐ Erledigt

Lest das gleiche Buch und tauscht euch später darüber aus. **Habt ihr denselben Geschmack?**

☐ Erledigt

220

Ritzt eure Initialen in eine Parkbank. **Wie findet ihr solche Dinge, kitschig oder romantisch?**

☐ Erledigt

221

Macht beide eine Liste mit Dingen, die ihr an dem anderen liebt, und lest sie euch gegenseitig vor. **Was habt ihr geglaubt, was euer Partner aufschreiben wird? Hat der andere etwas aufgeschrieben, das ihr an euch selbst vielleicht gar nicht mögt?**

☐ Erledigt

222

Macht Fotos in einem Fotoautomaten. Trefft dabei die Kategorien: Lustig, Romantisch, Erotisch, Frech und Süß.

☐ Erledigt

Erstellt euch eine persönliche Pärchen-Playlist, die ihr
hören könnt, wenn ihr Zeit miteinander verbringt.

☐ Erledigt

Bewaffnet euch mit Taschenlampen
und unternehmt eine Nachtwanderung.

☐ Erledigt

Geht gemeinsam eine Woche lang zelten.
Sorgt während dieser Woche für zahlreiche schöne
und lustige Erinnerungen.

☐ Erledigt

Sucht euch einen romantischen Liebesfilm aus
und spielt diesen in eurem Wohnzimmer nach.

☐ Erledigt

Geht zusammen reiten. Es muss nicht direkt ein
romantischer Ausritt am Meer sein, vielleicht beginnt
ihr gemeinsam mit einem Kurs für Reitanfänger.

☐ Erledigt

Fahrt auf der Kirmes Kettenkarussell
und haltet dabei Händchen.

☐ Erledigt

Verbringt im Winter ein Picknick samt
Wärmedecke, Kerzen und Glühwein.

☐ Erledigt

Bemalt gemeinsam eine riesige Leinwand,
ohne vorher darüber zu sprechen, was ihr malt.

☐ Erledigt

Kategorie
Fashion und
Beauty

„Du gehst an meiner Seite und hilfst mir immer wieder hoch. Mit deiner Hilfe überwinde ich jedes Hindernis. Danke, ich liebe dich.“

Geht zusammen ins Kosmetikstudio und lasst
euch etwas verwöhnen.

☐ Erledigt

Geht zusammen shoppen und kreiert euch einen
Partnerlook. Ob für Karneval, Halloween oder für den
Alltag, so sieht jeder, dass ihr zusammengehört. Falls ihr das
Outfit nicht in der Öffentlichkeit tragen wollt, kauft euch
die gleichen Schlafanzüge oder Jogginganzüge.

☐ Erledigt

Macht zu Hause einen Kosmetikabend, macht euch gegenseitig Masken, Peelings und Co. **Wie fühlt es sich für euch an, von eurem Partner etwas verwöhnt zu werden?**

☐ Erledigt

Besucht zusammen das Enthaarungsstudio und haltet euch während des Waxings die Hände.

☐ Erledigt

235

Legt einen Massageabend ein, jeder muss den anderen mindestens eine halbe Stunde lang massieren. Versucht dabei einmal, keine Anweisungen zu geben, euer Partner soll ruhig mal erraten, was dem anderen gefallen könnte.

☐ Erledigt

236

Besucht ein Spa, vielleicht das Pärchen-Programm? Lasst es euch mal gut gehen.

☐ Erledigt

237

Geht zusammen auf Shoppingtour und kleidet euch gegenseitig mit einem kompletten Outfit neu ein.

☐ Erledigt

Schminkt und frisiert euch gegenseitig. **Na, vertraut ihr dem anderen genug, ihn an eure Haare und euer Gesicht zu lassen oder bereitet es euch Schwierigkeiten?**

☐ Erledigt

Verkauft Klamotten, Taschen und Schuhe, die ihr nicht mehr nutzt, über Onlineportale und gönnt euch von dem Geld ein schönes Abendessen.

☐ Erledigt

Kauft euch gegenseitig Unterwäsche, die ihr gerne aneinander sehen würdet, und zeigt sie euch im Anschluss.

☐ Erledigt

241

Unterzieht euch beide einer Stilberatung
von einem Fashionexperten.

☐ Erledigt

242

Lasst euch Partner-T-Shirts bedrucken, die ihr demnächst
bei Erlebnissen zu eurer Bucket List tragt.

☐ Erledigt

243

Seht euch im Fernsehen eine Modenschau an und
diskutiert (oder lacht) über die aktuellen Trends.

☐ Erledigt

Sucht euch beide ein Kleidungsstück des jeweils anderen aus und färbt es in einer mutigen Farbe ein.

☐ Erledigt

Geht gemeinsam zum Friseur und entscheidet füreinander, was heute mit euren Haaren passieren wird.

☐ Erledigt

Geht beide für den Partner shoppen und kauft jeweils ein Teil, von dem ihr denkt, dieses wird eurem Partner sehr gut gefallen. **Warum habt ihr gerade dieses Teil gewählt?**

☐ Erledigt

Kategorie Ungewöhnliches und Verrücktes, zusammen lachen

Die Ehe ist eine Brücke,
gebaut aus Liebe und
Vertrauen, die die
Ehepartner auch in
schweren Stunden
tragen kann.

247

Kauft euch einen Zauberkasten und lernt gemeinsam
Zaubern. Führt eine Zaubershow für eure Familie,
Patenkinder oder Kinder aus eurer Umgebung auf.

☐ Erledigt

248

Lacht gemeinsam so sehr, dass ihr weinen müsst.

☐ Erledigt

249

Guckt alle Disneyfilme, die es gibt.
Welcher ist euer gemeinsamer Lieblingsfilm?

☐ Erledigt

Plant gemeinsam für einen Freund, einen Kollegen oder
ein Familienmitglied eine riesige Überraschungsparty
zu seinem nächsten Geburtstag.

☐ Erledigt

Macht gemeinsam einen Tauchkurs.

☐ Erledigt

Knutscht mal wieder wie frisch verliebte
Teenager auf einer Parkbank herum.

☐ Erledigt

Lernt, auf Stelzen zu laufen.
Was glaubt ihr, wer von euch koordinierter sein wird?

☐ Erledigt

Trefft einen Prominenten, den ihr beide mögt,
und fragt ihn nach einem Autogramm.

☐ Erledigt

Geht gemeinsam auf einen ausgefallenen
Markt und probiert neue Leckereien, die ihr vorher
noch nie probiert habt, aus.

☐ Erledigt

256

Lauft über glühende Kohlen und haltet dabei Händchen.

☐ Erledigt

257

Geht gemeinsam auf ein „Floating-für-zwei"-Erlebnis.

☐ Erledigt

258

Schreibt eure Biografien für eure (späteren) gemeinsamen Kinder auf. **Sind euch bei diesem Projekt Dinge bewusst geworden, die ihr bisher noch nicht von eurem Partner wusstet?**

☐ Erledigt

Lernt mindestens 10 Sätze in Gebärdensprache.

☐ Erledigt

Lernt beide Jonglieren und führt euren Patenkindern,
Kindern oder den Kindern in eurer Nachbarschaft
einige Kunststücke vor.

☐ Erledigt

Geht gemeinsam einen Barfuß-Pfad entlang.

☐ Erledigt

Wascht gemeinsam euer Auto und/oder eure Fahrräder.

☐ Erledigt

Jeder von euch darf eine Woche lang über
den Essensplan, eure Tagesplanungen
und eventuelle Ausflüge bestimmen.

☐ Erledigt

Veranstaltet ein Wassermelonen-Wettessen. Der Verlierer
muss hinterher aufräumen und sauber machen.

☐ Erledigt

265

Stellt euer erstes Date nach. **Könnt ihr euch noch daran erinnern, was ihr an dem Tag anhattet oder was für ein Wetter war?**

☐ Erledigt

266

Besucht zusammen den Jahrmarkt und fahrt einmal mit jedem Fahrgeschäft.

☐ Erledigt

267

Seht euch gemeinsam Sternschnuppen an und erzählt euch dabei von euren Wünschen für die Zukunft.

☐ Erledigt

Beginnt damit, ein Paar-Fotoalbum zu führen.
Schreibt zu jedem Bild das Datum und eine Erinnerung,
die euch zu diesem Bild einfällt.

☐ Erledigt

Geht in einen 1-Euro-Shop und findet beide etwas
in den Kategorien: Lustig, Nützlich und Schrecklich.

☐ Erledigt

Geht auf ein Doppeldate mit einem befreundeten
Paar oder sucht im Internet nach einem Blind-Date.

☐ Erledigt

271

Ladet mal wieder all eure Freunde oder eure
ganze Familie zum Grillen ein.

☐ Erledigt

272

Organisiert euch eine Durian (die sogenannte
Kotzfrucht) und probiert sie zusammen.

☐ Erledigt

273

Wartet gemeinsam auf den Frühling, wenn er da ist,
geht raus und pflückt einen Blumenstrauß.

☐ Erledigt

274

Unternehmt eine Fahrradtour, während der ihr
mehrere Stunden lang unterwegs seid.

☐ Erledigt

275

Geht in ein Casino oder eine Spielhalle und versucht,
gemeinsam den Jackpot zu knacken.

☐ Erledigt

276

Kauft euch gemeinsam eine neue Pflanze für eure
Wohnung und kümmert euch gut um sie.

☐ Erledigt

Macht euch eine Woche lang jeden Tag Komplimente.
Egal worüber, macht euch beispielsweise Gedanken
darüber, was euer Partner heute besonders
gut gemacht hat, und sagt es ihm.

☐ Erledigt

Stellt in einem Park, eurem Garten oder auf eurem
Balkon eine Vogeltränke auf.

☐ Erledigt

Macht beim nächsten Schneefall Schneeengel
und baut im Anschluss ein Iglu.

☐ Erledigt

Schnitzt an Halloween einen Grusel-Kürbis und stellt
ihn vor eure Haus- oder Wohnungstür.

☐ Erledigt

Startet einen gemeinsamen Blog und berichtet über euren
Alltag als Ehepaar. Eure bisherigen Erfahrungen und
Erlebnisse und schreibt auch darüber, dass ihr
gemeinsam an eurer Bucket List arbeitet.

☐ Erledigt

Feiert Silvester mindestens einmal gemeinsam
in einer anderen Zeitzone.

☐ Erledigt

Macht gemeinsam einen DNA-Test,
um eure Herkunft analysieren zu lassen.

☐ Erledigt

Setzt gemeinsam einen Fuß auf einen anderen Kontinent.
**Habt ihr bereits viele Fernreisen miteinander
gemacht oder wird das eure erste?**

☐ Erledigt

Packt euch im Herbst warm ein und lasst
gemeinsam einen Drachen steigen.

☐ Erledigt

285

Schaukelt am späten Abend auf einem Kinderspielplatz und haltet dabei Händchen.

☐ Erledigt

286

Putzt euch heraus und besichtigt Villen oder Luxuswohnungen, die ihr euch niemals leisten könntet. Tut dabei so, als genüge die Immobilie euren Ansprüchen nicht und verlasst die Besichtigung.

☐ Erledigt

Kauft oder leiht euch jede Menge Spiele und verbringt zu zweit einen Spieleabend. **Wie verhält sich eure Beziehung bei gemeinsamen Spielen, wollt ihr gegen euren Partner gewinnen oder ist es euch egal, wer gewinnt?**

☐ Erledigt

Besucht einen Tag der offenen Tür in eurer Nähe.

☐ Erledigt

289

Veranstaltet einen Anstarr-Wettbewerb.

☐ Erledigt

290

Kauft ein schrottreifes Fahrrad, ein Auto oder ein anderes Gefährt. Restauriert es, bis es wieder schick und fahrbereit ist und verschenkt oder verkauft es anschließend wieder.

☐ Erledigt

291

Seid mutig und einigt euch beide darauf, am selben Tag eine Gehaltserhöhung von eurem Chef zu verlangen.

☐ Erledigt

202

Macht gemeinsam bei einem Wettessen oder einem Schärfe-Wettbewerb mit.

☐ Erledigt

203

Organisiert gemeinsam einen eigenen Stand auf einem Trödelmarkt und verkauft Dinge, die ihr nicht mehr braucht.

☐ Erledigt

204

Für die Weihnachtszeit: Organisiert mit Freunden oder curer Familie Wichteln.

☐ Erledigt

Stürmt gemeinsam in eine Bar oder Kneipe, ruft laut „Heute geht alles auf uns" und geht einfach wieder raus.

☐ Erledigt

Schwingt eure Hinterteile auf euren Kopierer und macht Kopien davon.

☐ Erledigt

Tanzt zusammen im strömenden Regen. Selbstverständlich ohne Regenschirm! Wärmt euch anschließend unter der warmen Dusche auf.

☐ Erledigt

Geht zusammen feiern und erlebt gemeinsam einen richtigen Hangover. Macht euch am nächsten Morgen zusammen ein Katerfrühstück.

☐ Erledigt

Geht in den Zoo oder den Tierpark und tut für mindestens 5 Minuten lang ernsthaft so, als würdet ihr mit den Affen sprechen können und als wären sie Verwandte, die ihr seit langer Zeit mal wieder besucht.

☐ Erledigt

Erzählt euch einen ganzen Tag lang schlechte Witze.
**Na, teilt ihr denselben Humor oder war einer
von euch schnell genervt von den Flachwitzen?**

☐ Erledigt

Füllt eine Zeitkapsel und vergrabt sie an einem eurer
Lieblingsorte. Füllt sie mit einem aktuellen Bild von euch,
Dingen, die euch verbinden, die ihr miteinander teilt,
schreibt vielleicht einen Brief an euch selbst.

☐ Erledigt

Räumt eure Kleiderschränke aus und wieder ein.
**Machen euch solche Aufgaben mehr Spaß,
wenn ihr sie zusammen erledigt?**

☐ Erledigt

Spielt in der Öffentlichkeit „Wenn ich du wäre ...".
Was war eure lustigste Situation während dieses Ausflugs?

☐ Erledigt

Sprecht offen über eure früheren Beziehungen
und auch darüber, wie sie gescheitert sind. **Was glaubt ihr,
was eure Beziehung besser macht als die vorherigen?**

☐ Erledigt

Versucht einen Tag lang, die Rollen zu tauschen.
**Wie fandet ihr die Rolle, die euer Partner übernommen
hat? Hat er euch gut nachgespielt?**

☐ Erledigt

Geht gemeinsam in den nächsten Baumarkt und tut so,
als wärt ihr Mitarbeiter.

☐ Erledigt

Lasst an eurem nächsten Hochzeitstag die Geschenke weg,
macht stattdessen einen Plan für den Tag.
Feiert euch gemeinsam.

☐ Erledigt

308

Schreibt eine Liste mit Dingen, die ihr an eurem
Partner nicht mögt. Lest euch die Listen anschließend
vor und erläutert sie etwas näher. Probiert,
an diesen Dingen zu arbeiten.

☐ Erledigt

309

Besorgt euch Fingermalfarben und probiert euch an
Bodypainting aus. Jeder malt den anderen an.

☐ Erledigt

310

Einigt euch auf einen Streich-Tag und spielt
euch an diesem Tag jede Menge Streiche.
Legt vorher gewisse Grenzen fest.

☐ Erledigt

Spielt bei Ikea verstecken. Schließt vorher Wetten
darüber ab, wer gewinnt. Wer verliert, muss am Ende für
die Hotdogs zahlen. **Wann habt ihr das letzte Mal
so etwas Verrücktes gemacht?**

☐ Erledigt

Macht eine Kissenschlacht im Bett.
Wer zuerst aufgibt, hat verloren.

☐ Erledigt

Umarme in der Fußgängerzone eine Laterne, als ob sie
ein alter Freund wäre, den du ewig nicht gesehen hast.
Erzähl ihr lautstark, wie schön es ist, sie wiederzusehen!

☐ Erledigt

Stellt euer erstes Date nach. Erzählt euch dabei, wie ihr
euch gefühlt habt. **Was ging euch durch den Kopf, als ihr
den ersten Abend miteinander verbracht habt?**

☐ Erledigt

Spielt Wahl, Wahrheit oder Pflicht. So wie in der Schule damals. **Vielleicht traut ihr euch auch an die mutigere Variante: Wahrheit oder Pflicht?**

☐ Erledigt

Veranstaltet einen Grimassen-Wettbewerb.
Wer die besten Grimassen zieht, hat gewonnen.

☐ Erledigt

Erzählt euch gegenseitig etwas, was euch peinlich wäre, es in der Öffentlichkeit tun zu müssen.

☐ Erledigt

Tut beide die Dinge, die ihr euch im vorherigen
Punkt erzählt habt.

☐ Erledigt

Legt eine Woche lang die Anziehsachen für euren Partner
bereit. Egal, wie sehr es euch sträubt, ihr müsst es anziehen.
**Was glaubt ihr? Wird einer von euch mindestens einmal in
dieser Woche herumlaufen wie ein Clown oder werdet ihr
immer etwas Passendes finden?**

☐ Erledigt

Schreibt euch gegenseitig einen richtig kitschigen,
aber ehrlichen Liebesbrief und schickt ihn euch,
wenn ihr mögt, sogar per Post zu.

☐ Erledigt

Versucht, euch gegenseitig mit nur drei
Worten zu beschreiben. Erklärt euch danach,
warum ihr diese drei Worte gewählt habt.

☐ Erledigt

Schreibt einen Brief an euch in der Zukunft. Beschreibt,
wo ihr euch in 10 bis 20 Jahren seht. Schreibt das Datum
in der Zukunft auf den Briefumschlag. Öffnet den Brief
dann gemeinsam an diesem Tag. Bewahrt den Brief am
besten in eurem Hochzeitsalbum oder Stammbuch auf.

☐ Erledigt

Kauft euch das Spiel „Was ich dich schon immer fragen
wollte!" und spielt es noch am selben Abend.

☐ Erledigt

324

Arbeitet eure To-do-Liste für die Wohnung ab,
Frühjahrsputz, Autowaschanlage, Fenster putzen,
Dachrinne säubern. Natürlich alles gemeinsam.

☐ Erledigt

325

Investiert in eine gemeinsame Anschaffung für eure
Wohnung, die ihr euch schon länger wünscht oder die
dringend gebraucht wird.

☐ Erledigt

326

Statt Fernsehen gibt es heute Bücher, lest euch einen
Abend lang gegenseitig vor. **Ob ihr einen ganzen
Roman an einem Abend schafft?**

☐ Erledigt

327

Lasst für ein ganzes Wochenende sämtliche Geräte
aus und verbringt die Zeit nur miteinander. Auch andere
Kontakte sind für dieses Wochenende tabu,
jetzt gibt es nur euch zwei.

☐ Erledigt

328

Macht einen Filmabend, an dem ihr eure beiden
Lieblingsfilme schaut. Jeder darf seinen eigenen
Lieblingsfilm wählen und einen wählt ihr gemeinsam aus.

☐ Erledigt

329

Erstellt euch Playlists, die euer Partner hören kann,
wenn er mal allein unterwegs oder zu Hause ist.
**Kennt ihr euren Musikgeschmack gegenseitig gut oder
wart ihr überrascht, wie schlecht euer Partner
eure Playlist zusammengestellt hat?**

☐ Erledigt

330

Schickt euch während eurer Arbeitszeiten gegenseitig
verrückte Selfies, die euch zum Lachen bringen.

☐ Erledigt

331

Fahrt nachts zu einem See und geht darin eine Runde
schwimmen, und zwar nackt. **Wie hättet ihr reagiert,
wenn euch jemand gesehen hätte?**

☐ Erledigt

Lebensmittel erschmecken: Einer von euch bereitet Lebensmittel so vor, dass sie auf einen Löffel passen. Der andere muss diese mit verbundenen Augen erschmecken. Derjenige, der die Augen verbunden hat, muss sich natürlich füttern lassen.

☐ Erledigt

Flachwitze-Challenge: Ihr füllt euch beide den Mund voll mit Wasser und setzt euch gegenüber, eine dritte Person liest nun Flachwitze vor. Derjenige, der als Erstes sein Wasser aus dem Mund spritzt, hat verloren.

☐ Erledigt

Ideenfinder

Hier habt ihr Platz eure Bucket List zu erweitern.

Impressum

Die Bucket List für Ehepaare
333 Ideen für unvergessliche Momente zu zweit.
Ein Geschenk, das von Herzen kommt.

Covergestaltung: cebiks von 99designs
Layout: Danileoart.com
Bilderlizenzen von Depositphotos.com

Copyright 2022
Nadine Lichtenegger
Waldstraße 20D
8793 Trofaiach
Österreich
nadlichti06@gmx.at

Printed in Poland
by Amazon Fulfillment
Poland Sp. z o.o., Wrocław

15695501R00098